AF422951

Hijo de las olas

Ángel M. Salazar.

®2022 Editorial Bien-etre.

Publicado por: Editorial Bien-etre.

Diseño de portada: Aleksandra Weber

Ilustración: Daniel Laiton

Diagramación: Easwara Jiménez

ISBN: 978-9945-636-33-8

Edición: Editorial Bien-etre

Primera edición 2022.

HIJO DE LAS OLAS

HIJO DE LAS OLAS

Ángel M. Salazar

*A la versión de nosotros que tenía miedo
de que todo se inundara.*

ÍNDICE

Puede que estas palabras no te sorprendan,
pues no son cuentos que a un extraño cuentas;
son susurros de tristezas y de ansiedad,
son ofrendas,
son angustias sin cuerda,
proezas de unas vendas.

Ángel M. Salazar

CUANDO TE PERDIMOS

Te devolvemos a la fría tierra
de donde todos venimos;
nosotros te perdemos,
ella te recupera.

Tu pérdida es sinónimo de regreso,
no a nosotros:
a tu fría Madre regresas,
dejamos que ella se encargue
de darte la paz que tu cáscara anhela.

Te vas dejando un eterno eco
en mi cuerpo, la cueva más vacía,
un país sin habitantes.

Tu voz retumba inextinguible.

Ángel M. Salazar.

CHISTES QUE SE VUELVEN POLVO

Ojalá pudiera viajar en el tiempo
una semana antes de que tus pulmones dejaran de funcionar,
y llenarlos del aire que Dios le dio a Adán y que te faltaba,
y vaciarlos del agua con la que Dios llenó los cuerpos
y que te sobraba.

Ojalá pudiera viajar en el tiempo,
cuando el silencio hacía eco y tú hacías un chiste,
cuando seguías siendo árbol erecto lleno de experiencia,
y yo un fruto caído admirando tu altura.

Pero es imposible aquel regreso
y hasta los chistes se vuelven polvo.
Ahora la fría tierra te sostiene
y tus recuerdos me abrazan cálidamente.
Ahora el hombre de cabellos blancos
dice que no tiene con qué agradecerte.

La gratitud quizá sea
la más larga de las virtudes
y la más difícil de pronunciar,
especialmente cuando las personas
a las que queremos agradecer no están.
Mi gratitud hacia ti es un río tibio
más profundo y largo que mi luto,
sus aguas son las más claras,
no hay tierra que las ensucie,
ni los chistes que se vuelven polvo.

ANTES DE LA OLA

Uno de estos días, pequeño niño,
la ola llegará.
las manos del tiempo te ahogan,
no hay nada que puedas hacer para detenerlas.
Ya no serás gris,
y tampoco habrá vuelta atrás.

Uno de estos días, pequeño niño,
la ola te aplastará,
mas hoy, pequeño niño,
ese día no será.

HISTORIAS FALSAS Y VERDADERAS

Mis dedos gritan sobre el teclado
ahora que a los planetas rotos
he desorbitado.

Cuenta, hijo de las olas,
las historias que te pesan y te avergüenzan,
narra que estás hecho
de historias falsas y verdaderas.
No hay punto en el atardecer
si tú pintas los colores.
Perdona sin que te lo pidan
y así dormirás en paz.
No mezcles las personas fugaces
y las expectativas de por vida.
Toma el poder del circo en tu mente,
el ruido de tu corazón campanario;
sal de la casa
y deja que se siga incendiando.

Ángel M. Salazar.

HUYE

Sangre de tu sangre,
luz apagada,
botellas, líneas blancas,
una puerta cerrada.

Maldice su futuro,
se corrompen las venas
abre la puerta a la duda
y sus palabras queman.

Incluso así no te creen,
dicen que fue un invento:
ruge Madre Tierra,
alto ruge y lejos huye,
vete lejos, a lo incierto,
que aquí la sangre pesa como el viento.

Madre Tierra, sé que algún día pagarán,
pagarán por todo,
como el mundo es redondo,
pagarán.

PLANETA ROTO

Busca refugio
y lo tendrás en estas líneas,
en la noche no tendrás que esconderte
porque todo lo sabrás.

Las gomitas del cabello no serán suficientes
para atar lo que tengo que decirte:
que no te cieguen los adornos,
escapa de este roto planeta,
familia hallarás en otra parte
más sincera y menos averiada.

Princesa,
de este planeta roto
lárgate en cuanto puedas.

LOS CAÑONES DE JÚPITER EL 13 DE MARZO DE 2018

Retumbaron sonidos de explosiones
por el país vacío de mis adentros
cuando tú respondiste ese día,
mi cumpleaños número diecinueve.
El polvo se levantó
y me reveló la voz que se ausentó por meses.

Dudé en seguir escuchando,
no he conocido un arma más peligrosa
que los cañones almacenados en tu mente
que salen de tus labios
y caen en mis aguas
contaminando mi ser.
No titubeaste para lanzarlos
encendiendo la mecha con un
"feliz cumpleaños",
derribando la fortaleza construida con prisa,
pediste a un dios mi claridad.

Esa tarde me acompañó la lluvia,
aunque tú no lo sepas.

INTERMITENTES

Somos viles cascarones rotos,
masoquistas despiadados,
no nos enamoramos de quienes nos aman,
sino de aquellos que siempre nos han lastimado.

PERDIDO

Constantemente perdido en el eco de las
voces de los demás,

nubladamente perdido en los espejos y relojes,

adictivamente perdido en botellas
y en ojos de gente fría,

masoquistamente perdido en
el "hola" y el "adiós",

solamente perdido,
lentamente perdido,
ciegamente perdido.

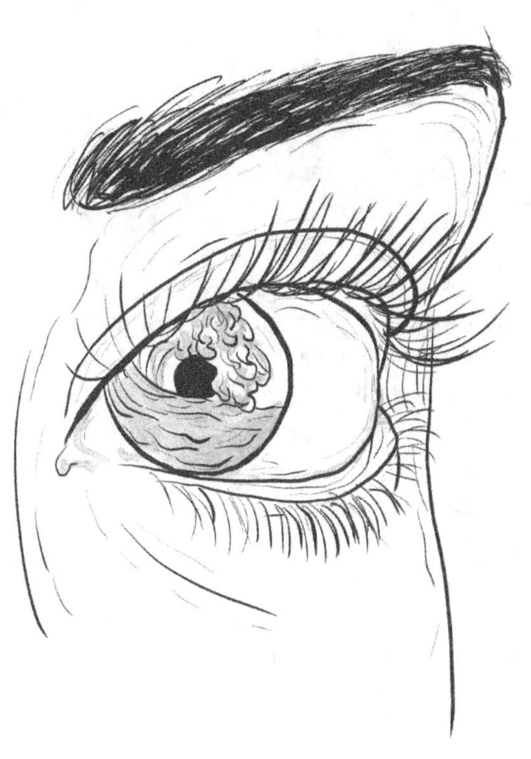

Ángel M. Salazar.

QUISIERA LLAMARTE

Quisiera llamarte
y decirte que te jodas,
que no me vuelvas a llamar nunca
aunque no lo haces,
que no me envíes vídeos cómicos,
que desparezcas de mi vida.

Porque tú eres ese problema que puedo cambiar,
pero tengo un miedo que me es difícil confrontar,
ese que ha creado en mí un caos,
ese del que nunca podré desligarme,
porque tu vida me ha puesto en el otro extremo,
porque está mal,
porque no es cuando tú quieras,
porque no quiero ser parte de ti,
aunque no toda la culpa es tuya.

A veces quisiera llamarte y decírtelo:
que sé que no vas a cambiar
y que ya no me importa,
que no espero que lo hagas,
que está bien si solo no te veo
o si lo soluciono;
pero no puedo solucionarlo,
no si todos te siguen recibiendo,
no si soy el único que no puede ignorar tu comportamiento.

Las cosas no sé si serían más fáciles sino estuvieras,
todo lo que alguna vez he hecho muy en el fondo
es porque quiero demostrarte que no estás en lo correcto,
y no debería estar demostrándole nada a nadie.
Todas estas circunstancias me cansan,
no quiero sentirme a la espera de una batalla siempre,
todo lo que te quiero decir es tanto,
espero que recapacites.

Quisiera llamarte,
sin embargo, decido inmortalizarte;
realizarte sobre el papel
es la única manera en la que puedo matarte.
Verás que sé contar una historia
aunque no pueda enfrentarte...

TSUNAMI

Sigo sintiendo el peso de tus puños en la mesa,
sigo oyendo a Madre Tierra golpear la cama
porque no podía golpearme a mí,
¿cómo te explico que las olas
no son solo la forma de mi cabello?
Hay una parte de mí
que sigue rodeada por esos niños en el *kinder*
que me decían que actuaba raro.
Sigo esperando que mueras
sin querer desearte la muerte,
caminando grandes kilómetros
para alimentar mi alma,
tumbándote el velo de hipocresía,
buscando verdades y enseñándotelas;
pero también sigo sintiendo alivio cuando no estás,
tratando de hacer que respetes que
todavía intento hacer la paz con mi sombra;
tratando de excluirme de esta horrible narrativa;
viendo el tsunami venir y esperando que inunde todo.

SALTADOR DEL TIEMPO

Caridad incomprensible
la que le da mi núcleo
al sucio e irremediable espacio tuyo.
Te dedicas a saltar
en mis líneas temporales,
te veo hoy brevemente,
te veré dentro de años
cuando te aburras de tu mundo,
cuando veas que el mío
tiene más color,
con tus dulces manos torpes
a girarme otra vez,
a contarme de los planetas rotos
que acabaste dejando.
No me interesan,
pero algo intrigante hay
que desorbita un eje en mí
al hablar contigo.
Ahora lo que he aprendido
es igual a lo que he perdido,
ni tu silencio me es violencia
ni tu presencia me es agresión,
así que te dejo entrar otra vez
solo por la emoción.
Una última vez
a ver qué siento, me digo.
Hoy te veo brevemente
incoloro, cambiaformas,
perturbador de mentes,
mañana saltarás,
otra vez te diluirás con el tiempo.

ANTIGUO UNIVERSO

En mi antiguo universo
el sol se montaba en autos de extraños
y rogaba ser querido,
mientras Júpiter gritaba a sus hijos
y en la luna se bailaba con el diablo.

Madre Tierra no hizo nada,
el sol aprendió
a girar alrededor de ella,
a girar alrededor de más planetas rotos,
a girar sin parar en un antiguo universo;
aprendió sin su ayuda.

EXCESOS

Distorsiones que se forman en silencio,
sin teoría en la prisa que llevan al destruir,
sin excusas que los detengan a formar otras olas,
tomando ventaja del país vacío de mis adentros,
cargándome con su peso
discreta e intencionalmente.
Soy esclavo
que tiembla al respirar,
un cautivo que toma el lápiz
y que desea desmontar el placer.

INCOMPATIBLE

La miseria añora cercanía,
la agonía anhela deseo,
la falta de amor propio ambiciona compatibilidad;
serendipia es encontrar sanidad en crisis,
no botellas en desesperación.

No hay remedio que cure más
como curarte tú primero,
quererte y anhelarte,
darte el mundo entero,
marcharte y no volver,
sentarte en el sofá que es solo para ti,
hacerte el ciego,
ser compatible contigo por completo.

Que bueno que no me besaste
esa noche en el sofá…

KAT WATKINS

Tú y tus usuales herramientas:
usaste tijera para mi vergüenza,
rastrillo para la tierra,
pala para agregar profundidad.

Sin darme yo cuenta
sembraste una semilla de secuoya,
no puedo dejar de pensar,
no puedo dejar de crecer.

PARA SAHARA

Aspiraba a decirte
que estaba ilusionado contigo
y te dije que no lo estaba
por si eso te ahorraba un problema.

Tu mirada era un cielo oscuro
que me abrazaba sin tocarme,
penetrando mis capas.
No podía dejar de sentirte
dentro de mí,
estabas afuera,
pero yo te sentía dentro:
estabas en dos lugares al mismo tiempo.

Pero no te dije nada porque
pronto seguirías tu camino,
pronto yo no aguantaría más
y tú siempre serías tú.

TORMENTAS LIVIANAS

Devuélveme a la ebria noche,
que pedalee libremente
olvidándome de las tormentas.

Perdí mi billetera y la volví a encontrar,
lamiendo mi cara estaba el aire,
recordándome qué se siente
levitar.

Algunas veces
todo es tan malo
que no te das cuenta cuando empeora.

Cruel sueño,
quería que tanta gente ganara
que olvidé que tenía que ganar yo también.

Ángel M. Salazar.

FALSO SUICIDIO

Si yo muriera hoy,
probablemente le diría a mi novia
que es lo que mejor amé,
porque aprendí a amar de la forma en que me ama
y porque aprendí a amarla de la forma que es.
Es lo que por primera vez aprendí a amar sinceramente.

Les diría a mis amigos
que nunca tuve una oportunidad.
No es sorpresa,
en este vasto mundo
yo era una cueva vacía.

Le diría a Madre Tierra
que mis lágrimas sirvieron
para pasar al mejor lugar.
Fui criado para mantener mi cabeza sobre el agua
y decidí ahogarme.
Si me hundo,
si me ahogo,
también es mi pecado
estar cansado de la superficie.

Les diría a mis hermanos
que se agarren fuerte el uno al otro.

Soy un sol muriente,
el niño que chocó con marea y roca,
el que no quiso salir del agua.

Pero no me voy a extinguir hoy,
no voy a decir todo eso.
Si me hundo más tal vez encuentre una orilla.

Ángel M. Salazar.

CUANDO LA OLA MÁS GRANDE LLEGÓ

Mírate ahora, pequeño niño,
te mueres lentamente,
te lamentas mientras mueres,
pero la estabas esperando.

De mentira en mentira has caído,
profundo,
profundo,
hacia el fin de tu mundo.

Cuentos que inventaste para no caer en manos,
en tus propias manos,
y ahora te tienes justo donde querías,
justo donde temías.

Simple y confuso:
tú no te has perdido,
te has encontrado
pero no de la forma en que querías.

Eres el único que puede salvarte,
pero temes también que no puedas hacerlo;
ruegas por más días porque no estás listo,
pero temes a lo que está por venir.

Húndete,
sumérgete,
despiértate.

La ola ha llegado
y aquí estás tú en ella.

SANTA CRUZ

con Marlyn

Frío y niebla,
dientes chirriantes,
pieles secas…
Doblé lazos para darme calor,
subí a la rueda de la fortuna
a ver la puesta de sol,
fui testigo de un nuevo color,
y aun así el vacío no se llenó.
Seguí saltando de nada en nada
para que me consumiera,
caminando por rieles vacíos,
conjurando noches de fiestas,
burlándome del tiempo
mientras Dios se burlaba de mis planes;
riéndome del espacio
mientras se hacía más pequeño;
prolongando miserias
y evadiendo medirme,
así me di cuenta de que venía
esa ola.

HIGH, HIGH, CAROUSEL

Hoy destruiría el maldito mundo,
pues sobrio no estoy para despedidas.
Maldita ausencia de vida
en el medio de este carrusel imparable
con mis gafas de sol;
sal que sale de mis ojos,
olas que se forman,
que alguien quite la maldita música,
mi ecosistema va a estallar.

Ángel M. Salazar.

HAY UN MAR EN MI HABITACIÓN

Nadar aquí ya es absurdo,
mi sombra es como recuerdo,
vaga por el país vacío de mis adentros.

Noches y olas,
las paredes son sordas,
tal vez pretenden que no escuchan,
que alguien me saque de esta duda,
o de este mar.

MI NOCHE ESTRELLADA

Las nubes fueron
la sábana más cálida,
fuimos dueños del momento
y del silencio.
El azul ultramar fue nuestro sombrero de gala,
pronunciamos los cometas y
vivimos en la luna.
Sin saberlo,
en ese infinito fugaz
nos extrañamos sin irnos.
Ahí lo supe,
lo bueno muere pronto
pero no sin dejar su marca;
las estrellas solo mueren
para convertirse en supernovas.

Ángel M. Salazar.

SAN FRANCISCO

En el pico de la ciudad
la noche de verano es fría como lo incierto,
dices que no podemos irnos a casa,
que estar juntos es estar en casa.

Estoy seguro de que el viento te escuchó,
pero vivir en las nubes solo se puede por un tiempo,
allí parece que el algodón se vuelve más sensible
y un día te deja caer.

También estoy seguro de que San Francisco
es la ciudad más inclinada en la que he estado,
las calles son como tobogán
y podremos volver a subir algún día solo si es deseo del viento.

Estoy inseguro de muchas cosas,
mas no significa que no sé apreciar lo que tengo,
sino que me duele despertar de los sueños de verano
y que me duele el pavimento.

Algún día volveremos y ya no será lo mismo,
tendremos hijos y tengo miedo de que sepan cómo es caer;
que prueben los cielos y les guste demasiado el atardecer,
y descubran que luego es la noche y a veces es negra.

Sé que si algún día el viento nos deja volver,
habremos estado en el suelo mucho tiempo como para saber
que no volar a veces es lo que nos cuesta el crecer,
y que hay olas que tal vez no podemos vencer.

LA CIUDAD DE LOS TOBOGANES

Aún recuerdo cómo ella
nos enseñó a tomar fotos silenciosas,
nos dijo:
"apaguen su celular y abran bien sus ojos,
despejen su alma,
quiten bien los cerrojos.

Ahora cierren sus ojos,
que la nada es el mismo destino
y el destino el viento,
que el viento es nuestro
y nuestros son los momentos".

Ángel M. Salazar.

DESCONOCIDA DISTORSIÓN

A veces cuando trato de limpiar
los rincones de mi mente,
y los cajones,
y sus compartimientos secretos,
llego a ver una sombra
que desaparece rápidamente.
No sé lo que es
la oscuridad distorsionada,
porque huye cuando trato de encontrarla;
he estado encontrando trozos de ella
desde que puedo recordar
—y quizá desde que empecé a vivir—
pero la maldita siempre escapa
sin que llegue a verla y preguntarle:
¿por qué te escondes?, ¿qué haces aquí?
Aun así, siento su peso,
hasta creo que se divierte huyendo por mis pasillos,
le hace gracia que la busque y que buscándole
no solo me sienta mal por no saber lo que es,
sino que también me atormente por la frustración
que me provoca el siempre tratar de buscarla.

A veces necesito que me recuerden
que el complejo de víctima
lo obtuve de Madre Tierra.
Manipulo como Júpiter me enseñó mientras crecía;
que soy un sol que evade conflictos
y no los resuelve;
un sol que busca algo
y no lo puede encontrar;
un sol de vacío y caos.

PERO JUNTOS

Dejarte en este aeropuerto
sintiendo una grieta en el pecho…
el agua comienza a salir de ella;
caeré,
caeré en el viento de octubre,
como las hojas del otoño más frío.

California no ha sido hogar,
tus brazos sí.
Fuiste techo
y tu almohada
fue el peso de mis labios.

La próxima vez démonos cuenta,
amanezcamos en las calles,
pero juntos.

Ángel M. Salazar.

NOSOTROS

Atardeceres color lila,
caballos de un carrusel,
montañas inhumanas
y noches estrelladas,
un abrigo azul,
un brazalete amarillo,
una feroz cascada,
un parque vacío,
dos boletos de avión,
dos diferentes destinos:
la más triste despedida.

HABANA

En mis peores momentos,
mi ansiedad era una daga
y mis temores la pared,
pero me fui.

Mi tristeza, un mar.
Cada ola me hundía más,
pero me fui
y me iría mil veces.

Huyendo me encontraba,
la intermitencia de mi vida
ya no me funcionaba,
así que me fui
lejos, a aceptarme.

Me fui a ver si era más fácil,
a buscar las pequeñas partes de mí en otros lugares,
a los ríos y a las montañas,
a cabalgar agradecido,
fui a ver si me encontraba,
yo me fui a la vieja Habana.

Ángel M. Salazar.

TRINIDAD

Armonía quita agonías,
ciudad de gente agradecida
por solo ser y no poseer.
Inquietante no es la paz
de los caballos y los ríos,
las calles empedradas,
girasoles y mojitos:
hay amores por perder
y hay amores pequeñitos.

Ángel M. Salazar.

LA FIESTA MÁS OSCURA

La más oscura fiesta
es la fiesta de la vida,
y como vinyl tocando sigue y sigue,
hay riesgos con las apuestas.

Mucho te enseñan algunas personas:
la mentira y el escondite,
manipular a los rotos al irte.

Si te impones con venganza
se te vuelve una adicción,
se te vuelve una costumbre
el no tenerte compasión.

Enseñarte lo que a otros les falta
es difícil tarea;
erradicar la violencia,
no amar por conveniencia,
mejorar para ti
y para tu descendencia,
escuchar a tus pies,
comenzar
donde verdaderamente pertenezcas.

FE, CERTEZAS Y PROMESAS

Qué ironía,
solías proclamar tu fe
y la fe es ahora lo que más nos separa.
Hay gente que dice que
la fe es la certeza de lo que no se ve,
mi fe fue esperar que cambiaras
y que les enseñaras mejor a tus hijos.

La fe no es una promesa,
las promesas son vacías y obsoletas,
las promesas traen las olas
que te derriban, te ahogan,
te dan una razón para marcharte,
como yo me marcho ahora.

Como la fe no es una promesa,
pero es una certeza,
tengo fe en que no nos volvamos a hablar,
certeza de que así tú podrás mejorar.
Te dejo y no hay vuelta atrás,
acostumbrarse no es perdonar.

Ángel M. Salazar.

HIERBA MALA

Te he dejado crecer
pensando que eras una gardenia;
tarde, pero me he dado cuenta:
haces que mis otras rosas perezcan.

UNA BOLA DISCO EN EL AGUA

Expresé mis preocupaciones al Internet
y él me quiso muerto.
Los que yo amaba crearon mi guerra
y me hicieron ir en busca de armonía.
Me hicieron creer que la tragedia
era un lenguaje de belleza.
Nadie se reía,
pero me dijeron que el mundo era una fiesta.
Usé mi cadena de oro al dormir
y tuve muchos sueños tristes,
con miedos y necesidades
giré y giré al alrededor de todos,
pero no fue más que otro de mis costosos errores.
Cuando supe que la gente se encuentra donde es feliz,
ya no me apeteció buscarme,
Disecarlos fue la única opción que me dejaron
y lo hice lo mejor que pude.
Entonces me resigné,
no intenté disecarlos más,
intenté aceptarlos
y con ello me acepté.
Mas esta no es mi forma final,
soy una bola disco en el agua
hecha de mil pedazos rotos
pero juntos y flotando,
alimentando mi alma
con el brillo de las noches que casi fui
y con el sol de cada día que soy.
Me hicieron el hijo de las olas,
me ahogué por 401 días…
pero aprendí a nadar.

Ángel M. Salazar.

MAMÁ

Ojalá las nubes blancas no se disiparan
y las olas nunca llegaran.
Cada noche cuando duermes
veo si estás respirando,
esperando que te den mil años
por tu alma.

Refugio tú me has dado,
más que alimento y protección.
Los hombres no te merecen,
ni a ti ni a tus sacrificios.

EL DÍA QUE TE ENFRENTÉ

El día que te enfrenté
sus ojos no se cerraron;
yo traté de no soñarte
soñándote bastante;
ella trató de no pensarte
pensándote demasiado;
tú trataste de destruirnos
y así todos tratamos algo.

¿Dormiste bien?
Esa noche que elegiste la botella,
esa noche que te arranqué de mí.

Ángel M. Salazar.

TU CAMINO

Te empezaba a recuperar
y has hallado nuevamente
el camino a la botella.
Has cambiado una vez más,
has extrapolado tu verdadera forma,
quiero conocer al mejor sastre
y que me enseñe a coser tus labios,
que no vuelvas a hablar nunca
por el precio que sea.
Espero que encuentres tu nombre
en cada poema que te escribo,
pero no espero que hablemos de ellos.
Espero que sepas, días después de que te enfrenté,
soñé contigo, te miraba
y te decía que podemos hacer esto juntos.
Pero también espero que sepas que no lo haremos,
prefiero que sepas darme mi espacio.
Elige tus botellas,
pero no vas a formar otras olas,
no vas a entrar más a la casa
que con mucho esfuerzo he construido
con las piedras de la vida.

Ahora los perros se han soltado,
ellos van a por ti
y ellos te encontrarán,
te enseñarán
al verdadero hijo de las olas.

LO QUE NO SUPE

Mi desconfianza viene
de que mi primer amor puso al mundo en mi contra
y luego me tiró a la pared de mi baño,
juntó sus labios con los míos
y dijo que me amaba.

No podía amarme nadie más.
No podía ni amarme yo,
pero no me fui entonces.

Una de mis fortalezas es amar y doler.
Uno de mis más grandes errores es repetir patrones.
No se me advirtió que el primer beso
era una fuente de la que no podías dejar
de beber.

No se me advirtió que las mentiras te rodean
con rostros de personas a las que quieres.

PERSONA

Alienado,
mi desaparición sabe a gentileza y miel,
mi ausencia es un despertar egoísta;
llámame buscador de sombras,
ilusionista de mundos,
un espíritu con muchos escondites
que ya no busca esconderse.
Me arruino como mi peor enemigo
para ser mi mejor amigo.
Mi lengua desata los nudos
de las eras en que guardó rencor,
de la ausencia de enseñanzas,
de la amargura de ser peor,
del cuidado que mantenía
por los que saldrían heridos,
en especial su portador.
Mi cuerpo no aguanta otro contorsionismo
y mi culpa se lamenta
el no haberse desvanecido antes;
qué precioso precipicio es el ahora,
occiso es ahora el yo del pasado.
Orbito alrededor de mí mismo
colapsando con verdades
y no me escudo de su violencia;
muchas veces me advirtieron que el cambio
era un lenguaje de desdicha,
pero los rayos de la luna me cubren
y humectan mis labios,
me dan oxígeno
y esta jaula es sagrada gloria.

Ángel M. Salazar.

MI PROPIO DIBUJO

Algunas noches
me senté en azul
y me comí los recuerdos;
lloví, fui quien pude ser
y no quien quise.

Quise impregnarme
en piezas de otras personas
y por eso no me completaba,
cómo iba a acabar esto
si yo buscaba piezas
de dibujos diferentes.

Sin hacerlo ruidoso,
esconder lo normal
te hace igual de sospechoso.
Compararte nunca logrará
hacerte igual de bueno.
El salirte de las líneas,
el dejar de llenar orgullos
es riesgoso,
es rezar un credo propio;
sí, si quieres hacerlo mejor,
hazlo propio.

DUALIDAD

Eres un proveedor,
un proveedor de terror,
y entras tus camisas en tus pantalones
como entras tus diferentes personalidades
para la gente que cree que te conoce;
solo a nosotros nos muestras la real.

Apuesto a que no les dices que amenazaste
a tu hijo de muerte
y apuesto a que no les muestras
tu verdadera voz cuando tomas de la botella.

Te he llamado por muchos nombres en mis historias,
pero no te he llamado como no merecieras ser llamado.

La mañana y tu silencio
son mis momentos favoritos,
y una mañana me di cuenta
de que a veces soy tú,
y de que tengo que aprender a no serlo.
Te he enfrentado por tanto tiempo que a veces termino en el mismo
lugar.

Ángel M. Salazar.

EL PAÍS VACÍO DE MIS ADENTROS QUE SE ACEPTA

El control
es no tenerlo;
que la libertad tenga espacio
mientras me tengo a mí.
Mi ira perfora el cielo,
despeja las nubes
y acepta el azul;
no lo fetichiza,
solo lo acepta,
disipa el temor a los conflictos.
Compré alas,
mi mente elevada,
lágrimas evaporadas,
creencias destrozadas,
autocompasión…
Las olas son un camino
al autodescubrimiento,
otras mil versiones de mí
siempre encuentro.

GRAVEDAD

Pequeño niño,
tus encías sangraban
y tus miedos lloraban,
tragabas tus deseos
debajo del agua.

La ansiedad, tu balsa rota;
la marea de tus pensamientos alta,
las olas llegaban
y tu conciencia empañaban.

Si octubre es un entierro,
si en noviembre es el luto,
deja que diciembre
sea de renacimiento y de frutos.

Las nubes de tus anhelos,
la lluvia y tus tormentos,
tus cordones, líneas paralelas;
y ahora orejas de conejos.
Más olas que antes
en el país vacío de tus adentros,
te he visto en contra del mundo,
hoy yo te agradezco y te libero.

Si me pierdo a mí,
a mí ahora,
lo pierdo todo.

Ángel M. Salazar.

DEBAJO DE LA MESA

Debajo de la mesa,
en año nuevo,
ahí quizá encontré
el destino de seis meses después.

Ella me ama
—cuando yo amo el autosabotaje—,
su amor alcanza cada esquina y rincón;
su amor no borra el pasado,
mas limpia el pasillo;
su amor no es un espejismo de una isla,
su amor es la misma orilla,
me ama sin músculos,
me ama sin armas,
ama oír las palabras
que no podía pronunciar.
El mundo es grande,
pero me ama,
su amor es el que llamo verdadero
por primera vez en mucho tiempo;
es limpiador de heridas
y restaurador de núcleos;
su amor es la vida después de la vida.

Furioso estaba el mar
cuando intenté escapar
de todo el amor del mundo,
incluyendo el suyo,
y nunca me abandonó.

Extraño pero cierto:
el amor es un sentimiento de pertenencia,
pero no de posesión;
pertenezco a muchos lugares,
a muchos tiempos,
y a ella,
pero ningunas de esas cosas son mías,
las amo porque no son de nadie.

Ángel M. Salazar.

LA ORILLA

A las olas ya no temo
aunque ellas vienen y van,
me he hundido y te has hundido conmigo,
he encontrado muchas de mis partes favoritas
estando abajo contigo.
Desde que estás las olas me recuerdan que hay orilla.
Desde que estás le temo un poquito menos al mar,
y a amar.

Ángel M. Salazar.

TRAGÁNDOME LAS PERLAS

Maldito disgusto,
nuestra calle fue de una sola vía,
yo te ofrecía sanación
y tú me dabas siempre más victimismo;
te ofrecía cambio
y tú el agrio recuerdo de tu espalda.

Pero me tragué las perlas,
me ofrezco el amor que te quería dar,
aunque aún conserve un álbum de Polaroids
con gente que me disgusta
y de las que debí huir.

De ti,
de Madre Tierra,
de Padre Júpiter,
de dos otros planetas rotos,
de mi miserable y furioso Mar.

LLUVIA EN EL BOSQUE

Cielo lila,
estoy sin tiempo,
el mundo se ha detenido,
siento que nada sigue
y nada se mueve;
llueve y ya no me mojo,
hay vapor de las calles
y caras conocidas
que no parecen conocerme.

He creado un misterio
que hoy me limpia,
una lluvia en el bosque
y vuelvo a mí.

Ángel M. Salazar.

LLUVIA EN EL BOSQUE II

Antagonista de mi padre
y mi propio antagonista,
de antagonismos soy culpable,
antagonistas de mi vida.

Yo era cubierto por humo
y la lluvia lo ha disipado;
una gota en mi frente,
yo he despertado.

El peso del odio,
el dolor de las partidas,
la valía del sabotaje,
yo los dejo en la otra vida.

Soy muchas partes
y la suma completa;
de entre todos los lugares,
estaré en donde pertenezca.

CERCAS

Hay lugares naranjas
y viajeras amarillas,
hay personas rojas
y silencios de oro.
Hay tiempos falsos,
hay espejos rotos
y un poco de nosotros en otros.
Ahora sé que tener reglas
no significa menos libertad,
hay cercas necesarias.

Ángel M. Salazar.

CASTILLOS DE ARENA

Fui un país vacío,
un sol
que escapó de planetas rotos,
cayó al mar y no supo flotar,
se ahogó en la sal.

Pero yo creé olas también,
me dediqué a sentirlas,
creé castillos de arena
y a veces los destruí yo mismo.

TE ESTOY TERMINANDO SIN DECIRTE

Con mis nuevos ojos
escudriño tu interior,
me guían donde te falta estar,
me dicen que te necesitas,
así como yo me necesitaba
y tampoco lo veía.
Te termino hoy
sin decirte nada.
Egoísta de mi parte
esperar que comprendas solo
este nuevo paradigma.
Deseo que te des cuenta
y luego te des prisa,
que te cueste,
pero que sepas
cómo amarte
todos los días.

Ángel M. Salazar.

LO QUE ME HA SERVIDO ES LO QUE ME HA HERIDO

Me gustaría decirlo:
tu partida fue lo único
que de verdad me ha herido,
porque no ha habido nada como ella;
sin embargo,
me han herido muchísimas otras cosas,
a veces me han herido los rayos del alba
y a veces me ha herido la noche obsidiana;
me han herido más perdidas
y también me ha llegado a herir el ganar;
me ha herido la espalda de alguien
en diversos aeropuertos;
me ha herido la voz de cañón de alguien;
me han herido sueños sin cumplir
y me han herido vidas sin vivir.
Me he herido,
me ha herido mucha gente,
sin embargo,
yo decido creer.

Decido creer como creo
que tu partida no ha sido
solo una cicatriz que nunca se irá,
también ha sido una experiencia
que de ninguna otra forma pude obtener.

Decido creer que eso ha servido de mucho;
sí, lo que de verdad me ha servido en esta vida
es lo que de verdad me ha herido.

TU ESPALDA

Te fuiste muchas veces,
sonreíste a medio camino
llevándote la luz en tu maleta;
la mariposa negra arruina hogares,
posada estaba en la puerta.

Creaste al hijo de las olas,
lo creaste tú y lo crio ella,
aprendí a tocar fondo y
a tocar las piedras.

Ángel M. Salazar.

HE VISTO UN MUNDO SIN TI

En un mundo sin ti,
caigo en la más profunda oscuridad.
He visto un mundo sin ti
y la obsidiana noche.
He visto un mundo sin ti
porque quise,
las olas lo ahogaron todo.

NOS FUIMOS

De todos los lugares
a los que siempre te gustaba volver
espero haber sido tu favorito.
Ahora que los tiempos son más difíciles
es cuando no me duele tu partida,
saboreo deseándote lo mejor.
Aunque tu cumpleaños
es tres días antes que el mío,
y aunque parece que tú siempre estarás
tres pasos delante de mí, de mis sentimientos,
quiero dejarte claro que siempre lo he sabido
y eso quizá me pone delante a mí;
sabía que para que te fueras
yo solo tenía que quererte.

Déjame con estos recuerdos,
que me duelan para siempre,
yo los disfrutaré.
Esta historia es agridulce
y al final estoy bien,
lo que no me diste de amor
fue lo que yo me imaginé.
Nada es para siempre,
pero soporté como nadie.

Viviremos deseando haber sido,
y no fuimos, mejor o peor aún, nos fuimos;
al fin, tú te has ido y yo también.

UN FIN

Pecho abierto
ahora floto en este mundo acabado,
el subir dolió menos
que quedarme abajo.
Una nueva metrópolis
se alza en mí poco a poco,
y lo quiero todo,
lo que nunca tuve,
lo que nunca se me dio;
quiero el mundo
y me lo voy a dar,
un nuevo mundo,
un ciclo kármico acabado;
él me grita:
"comienza de nuevo,
como siempre".

SENTIDO

Querido yo:
Ojalá siempre lo encuentres,
el sentido de volver arriba.

AGRADECIMIENTOS

Nunca supe lo que fue dejar de ahogarme hasta que todas estas historias estuvieron juntas y tengo a personas a las cuales agradecer por ello. El concepto más puro que tengo de Dios lo aprendí de mi bisabuela. Dios es el amor que das y el bien que haces. Dios es gratitud.

Estoy agradecido por el apoyo que me brindó mi novia, al siempre instigarme a terminar esto y por los momentos que se mantuvo en el teléfono durante algunas olas.

Agradezco mucho a mi amiga Marlyn (Lety), quien escuchó todas y cada una de las historias y sus diferentes versiones, cada vez que algo nuevo se ponía sobre el papel, con quien también comparto la autoría del poema de Santa Cruz, hecho en un Burger King.

A mi amigo Wu, quien en un sueño me dijo "ojalá te atrevas a matar a los roedores de tu paz".

A Anna, por su apoyo y por conseguirme el mejor ilustrador, y a Daniel por ilustrar de manera tan bella todo lo que quise decir.

Por si no está claro, estoy agradecido por las experiencias que llevaron a que se creara esta historia y, de cierta manera, con las personas que formaron parte de esas experiencias.

Estos podrán ser agradecimientos muy inusuales, pero quiero agradecer a mi pecho por retener el peso de estas historias por tanto tiempo.

Agradecerles a mis pies, porque ahora, aunque reconocen que nada tiene sentido, saben dónde deben ir.

ÁNGEL M. SALAZAR

 La escritura ha sido su salvación. Actualmente, es un estudiante de Lenguas Extranjeras nacido en Santo Domingo, República Dominicana, que disfruta de la lectura desde niño y tiene como pasatiempo crear. Ha tenido la oportunidad de viajar por algunas partes de América que le han permitido forjar boyantes experiencias para la creación de esta historia, la cual comenzó a gestarse a sus diecinueve años. El arte siempre ha sido una de sus más fervientes pasiones y hoy en día trabaja para formar parte del mundo artístico.